Philo Z'enfants

# Les sentiments, c'est quoi ?

*À Indira,*
*pour que la pensée*
*se mêle aux flots*
*des sentiments.*

Nous remercions la ville de Nanterre, qui nous a permis de développer notre projet de philosophie à l'école primaire, les enseignants qui se sont lancés dans cette aventure, et tous les enfants de la ville qui ont tenté de redonner sens et vigueur à la parole.

Toute notre reconnaissance à Isabelle Millon, pour sa précieuse collaboration.

Direction éditoriale : **Céline Charvet**
Direction d'ouvrage : **Cécile Jugla**
Direction artistique : **Jean-François Saada**
Conception graphique : **Lieve Louwagie**
Maquette : **«À la belle maquette» Laurence Moinot**

Philo Z enfants

# Les sentiments, c'est quoi ?

Texte d'Oscar Brenifier
Dessins de Serge Bloch

Nathan

# Des questions ?
# Pourquoi des questions ?

Les enfants se posent des questions, toutes sortes de questions, souvent importantes. Que faire de ces questions ?
Faut-il que les parents y répondent ?
Pourquoi répondraient-ils à la place de l'enfant ?

Il ne s'agit pas ici d'exclure la réponse des parents : elle peut aider l'enfant à se constituer. Mais il convient aussi d'apprendre à l'enfant à penser et juger par lui-même, à réfléchir pour pouvoir acquérir sa propre autonomie et devenir responsable.

Dans les différents ouvrages de la collection Philozenfants, à chaque question s'offrent plusieurs réponses.
Certaines paraîtront évidentes, d'autres mystérieuses, étonnantes, déroutantes. Toutes feront l'objet de nouvelles questions, car la pensée est un chemin qui ne connaît pas de fin.

Ces dernières questions resteront peut-être sans réponse.
Tant mieux. Il n'est pas indispensable de répondre.
Une question peut être aimée pour elle-même, uniquement parce que c'est une belle question, parce qu'elle présente un beau problème, porteur de sens et de valeur.
Ainsi, la vie, l'amour, le beau ou le bien resteront-ils toujours des questions.

Mais des pistes se dessineront. Examinons-les, apprécions-les comme de véritables amis qui veulent nous garder éveillés.
Et prolongeons ce dialogue, en pariant qu'il apportera autant aux enfants qu'aux parents.

**Oscar Brenifier**

# Sommaire


Comment sais-tu que tes parents t'aiment ? p. 6

Es-tu jaloux de tes frères et sœurs ? p. 22

Pourquoi te disputes-tu avec ceux que tu aimes ? p. 36

Est-ce bien d'être amoureux ? p. 50

Vaut-il mieux être seul ou avec ses amis ? p. 66

As-tu peur de parler seul devant ta classe ? p. 80

# Comment sais-tu que tes parents t'aiment ?

Comment sais-tu que tes parents t'aiment ?

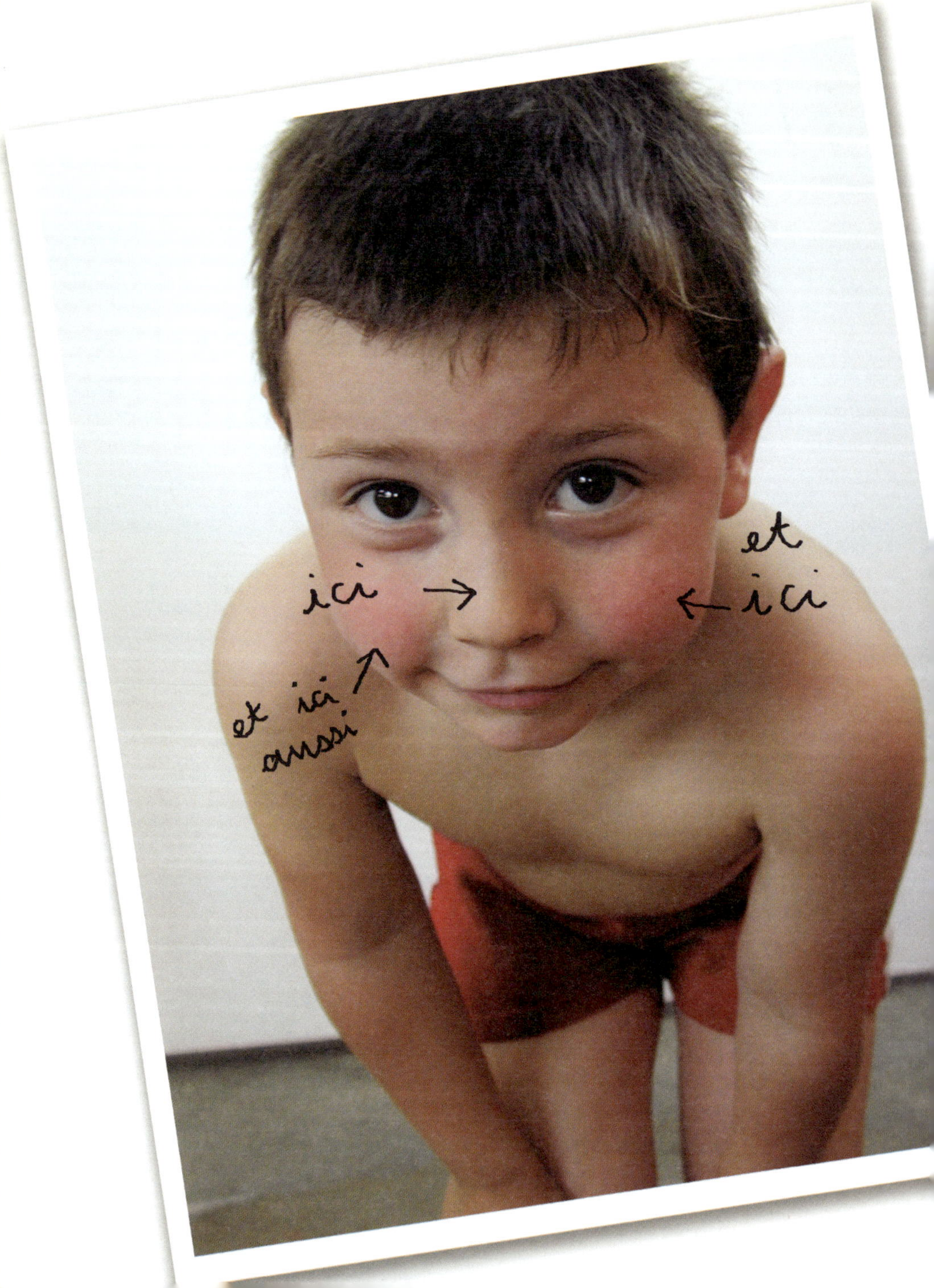

# ILS M'EMBRASSENT.

**Oui, mais...**

Est-ce que tous les gens
qui s'embrassent s'aiment ?

Est-ce que tous les gens
qui s'aiment s'embrassent
tout le temps ?

Est-ce que tu aimes toujours
que l'on t'embrasse ?

Comment sais-tu que tes parents t'aiment ?

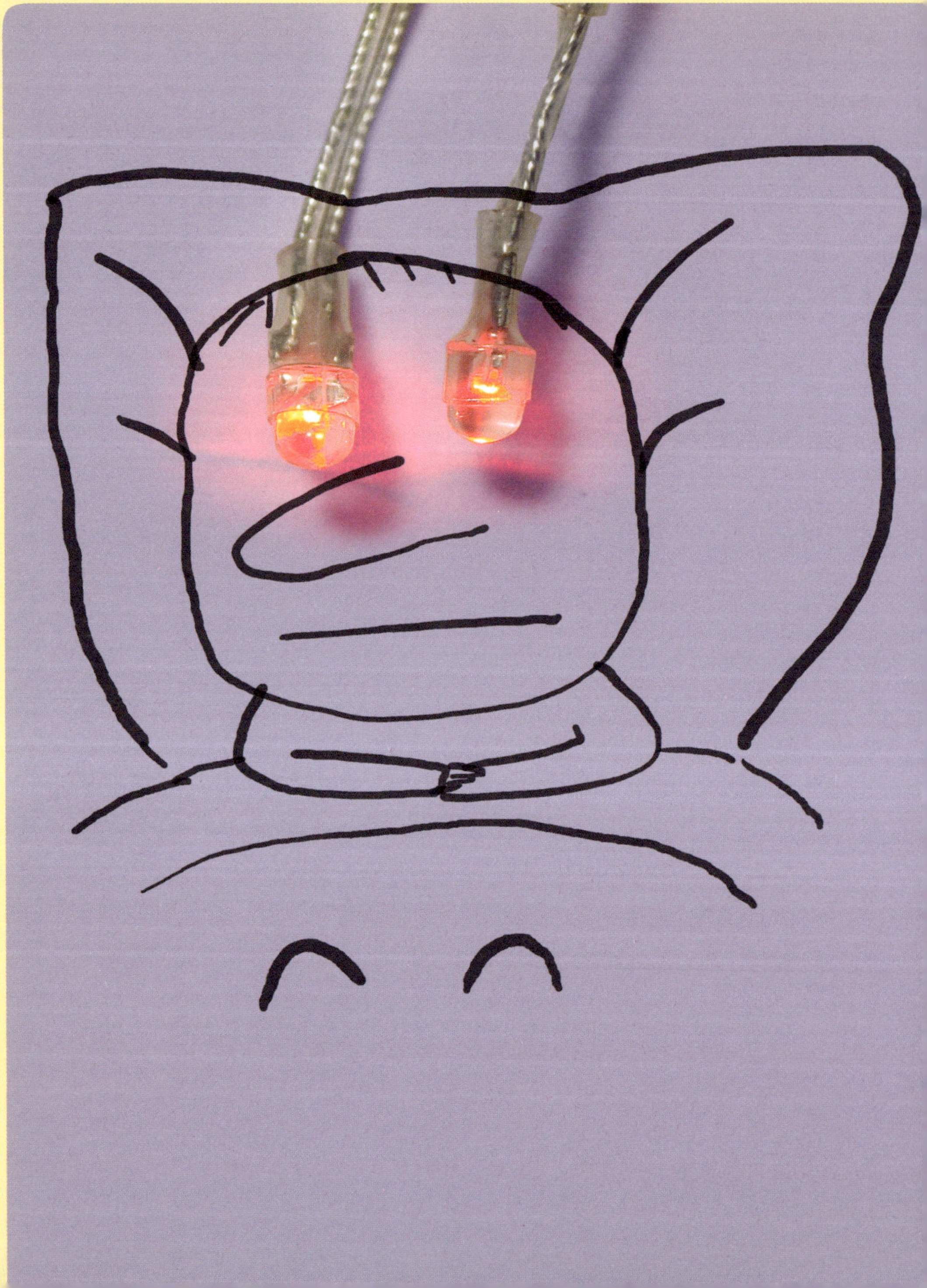

# ILS ME NOURRISSENT ET M'EMMÈNENT CHEZ LE MÉDECIN QUAND JE SUIS MALADE.

**Oui, mais...**

Les parents sont-ils obligés de le faire ?

Les parents ont-ils toujours les moyens de nourrir leurs enfants ?

Est-ce que les parents qui n'ont pas les moyens de le faire n'aiment pas leurs enfants ?

# J'EN SUIS SÛR DANS MON CŒUR.

**Oui, mais…**

Ce que l'on ressent dans son cœur
est-il plus sûr que ce que
l'on comprend dans sa tête ?

As-tu parfois besoin
de preuves de cet amour ?

Peut-on ne pas ressentir
l'amour que l'on nous porte ?

# ILS S'INQUIÈTENT POUR MOI.

**Oui, mais…**

Est-ce toujours agréable
quand on s'inquiète pour toi ?

Doit-on obligatoirement
s'inquiéter quand
on aime quelqu'un ?

S'ils te font confiance,
doivent-ils s'inquiéter ?

Ils me couvent trop !

ILS ME PUNISSENT QUAND JE FAIS UNE BÊTISE.

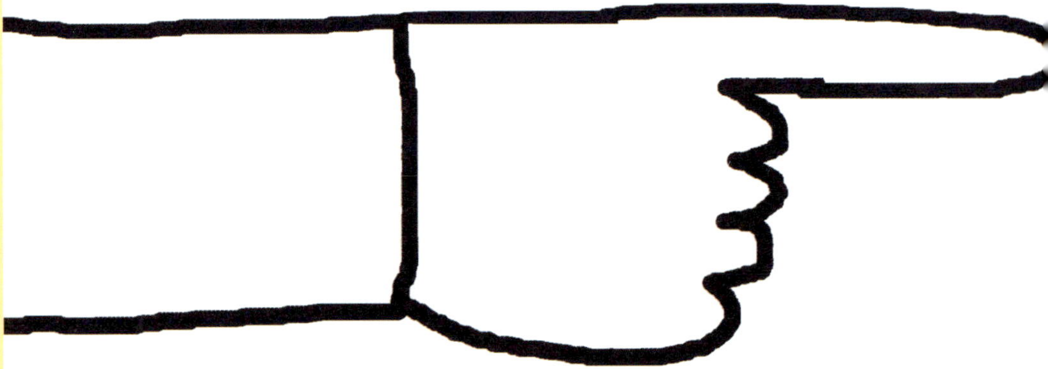

## Oui, mais...

Aimer, est-ce accepter de ne pas toujours faire plaisir ?

Est-ce mieux de punir ou d'expliquer ?

Une punition est-elle toujours méritée ?

Comment sais-tu que tes parents t'aiment ?

# ILS M'OFFRENT TOUT CE QUE JE VEUX.

**Oui, mais...**

Peut-on tout acheter ?

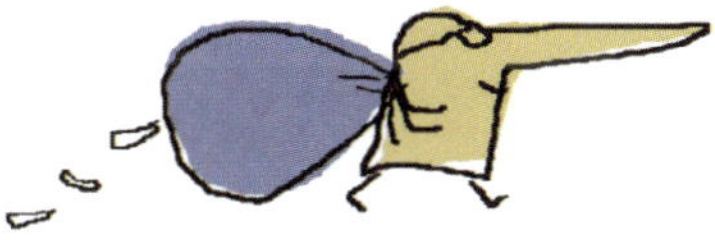

Aimer, est-ce parfois savoir dire non ?

Tout ce que tu veux est-il bon pour toi ?

Un cadeau est-il toujours une preuve d'amour ?

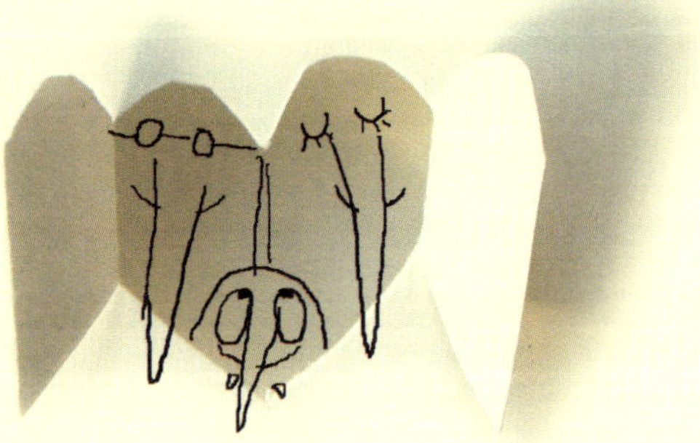

**Tes parents t'aiment. Tu en es convaincu** en général. Mais parfois tu en doutes un peu ou beaucoup. Tu es triste, en colère. Tu veux être rassuré, car tu sens bien que tu as besoin de leur amour. Tu exiges des preuves. Mais tu ne parviens pas toujours à reconnaître ou interpréter celles qu'ils t'offrent : la tendresse, les cadeaux, une punition, l'inquiétude. Peut-être parce que tu leur en demandes beaucoup. Sans doute aussi parce que l'amour est un sentiment mystérieux qu'on ne comprend pas toujours...

**Te poser cette question, c'est donc...**

... te rendre compte que l'amour s'exprime de mille et une manières, parfois opposées.

... savoir reconnaître les preuves d'amour de tes parents.

... savourer le bonheur d'être aimé.

# Es-tu jaloux de tes frères et sœurs ?

NON, PARCE QUE JE LES AIME.

**Oui, mais...**

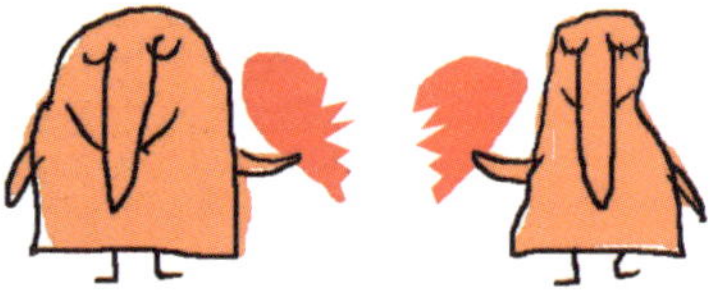

Quand on aime, a-t-on toujours envie de tout partager ?

Es-tu jaloux des gens
que tu n'aimes pas ?

Aimes-tu tout le temps
tes frères et sœurs ?

OUI, PARCE QU'ILS ONT DES CHOSES QUE JE N'AI PAS.

# Oui, mais…

N'as-tu pas des choses
qu'ils n'ont pas ?

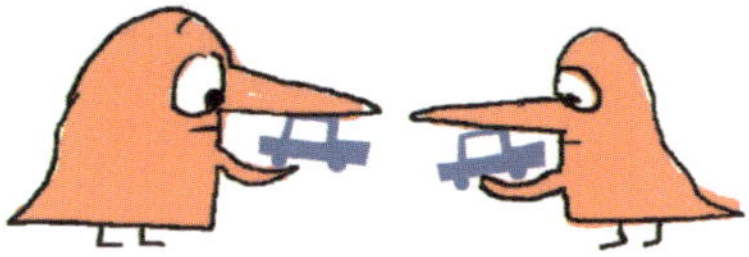

Pourquoi aurais-tu
les mêmes choses qu'eux ?

Pourquoi veux-tu
ce que tu n'as pas ?

OUI, PARCE QUE J'AIMERAIS QUE MES PARENTS NE S'OCCUPENT QUE DE MOI.

# Oui, mais...

L'amour ne peut-il pas se partager ?

Tes parents t'aiment-ils moins quand ils s'occupent de tes frères et sœurs ?

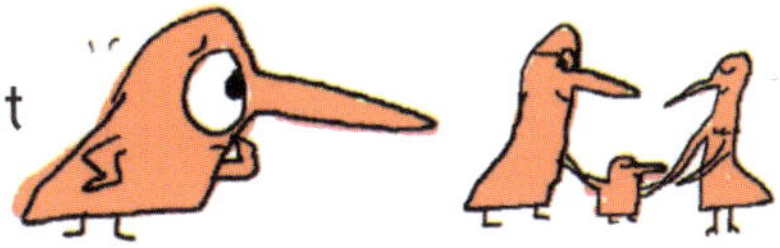

As-tu toujours envie que tes parents s'occupent de toi ?

Veux-tu qu'ils abandonnent tes frères et sœurs ?

# NON, PARCE QUE ÇA REND MALHEUREUX.

**Oui, mais...**

Serais-tu jaloux
si ça te rendait heureux ?

Ne sommes-nous pas plutôt
jaloux parce que nous sommes
malheureux ?

Qui est-ce que
ça rend malheureux,
toi ou les autres ?

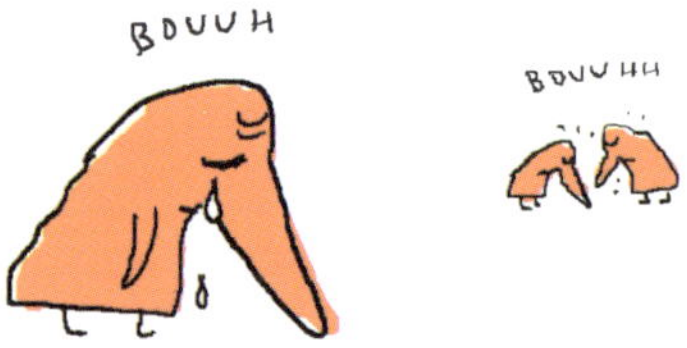

# NON, PARCE QUE ÇA FAIT DES HISTOIRES.

**Oui, mais…**

As-tu parfois de bonnes raisons d'être jaloux et de faire des histoires ?

Peut-on raisonner sa jalousie pour ne pas faire d'histoires ?

Ne vaut-il pas mieux exprimer sa jalousie, même par une dispute ?

**L'amour est un sentiment tellement fort** qu'on craint parfois qu'il nous soit enlevé, de ne plus exister si on le perd. Même si tu te dis que ce n'est pas bien, tu aimerais parfois que tes parents ne s'occupent que de toi, qu'ils ne voient que toi. Tu es jaloux.
Tout ce qui est donné à tes frères et sœurs te semble volé. Cela te fait souffrir. Mais si l'amour est fort, c'est aussi sans doute parce qu'il peut être partagé.

## Te poser cette question, c'est donc...

... comprendre que l'amour se donne aussi.

... apprendre à faire confiance à ceux qui t'aiment.

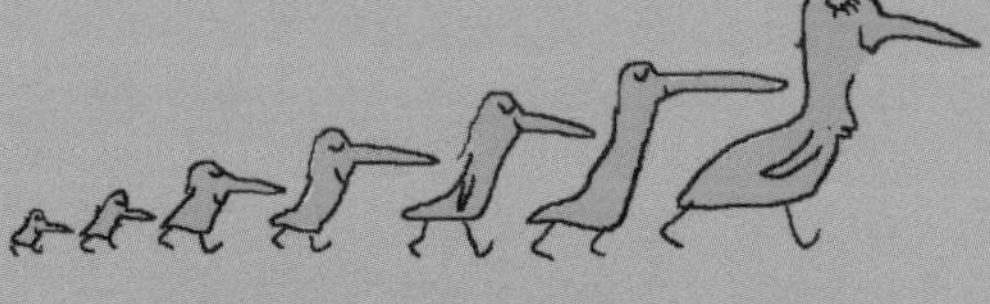

... accorder à chacun sa place dans la famille.

... avoir conscience que tu es aussi unique que l'amour que tu offres, que l'on t'offre.

# Pourquoi te disputes-tu avec ceux que tu aimes ?

PARCE QUE S'ILS M'EMBÊTENT, JE ME DÉFENDS.

# Oui, mais...

Les autres ont-ils parfois raison de t'embêter ?

Dois-tu obligatoirement te défendre lorsqu'ils t'embêtent ?

Ceux qui t'aiment peuvent-ils t'aimer et t'embêter ?

Pourquoi embêtes-tu les autres si tu n'aimes pas qu'ils t'embêtent ?

# PARCE QUE JE SUIS EN COLÈRE.

**Oui, mais...**

Qui te met en colère,
les autres ou toi-même ?

La dispute apaise-t-elle
la colère ?

Ne vaut-il pas mieux rester
seul lorsque tu es en colère ?

# PARCE QUE JE SUIS MÉCHANT.

**Oui, mais...**

Est-on méchant parce qu'on se dispute ou se dispute-t-on parce qu'on est méchant ?

Si tu étais méchant, comment pourrais-tu aimer ?

Peut-on être entièrement méchant ?

# PARCE QUE ÇA ME FAIT DU BIEN.

**Oui, mais...**

Et si ça fait du mal
à ceux que tu aimes ?

Est-ce que tu te sens toujours
mieux après une dispute ?

La dispute peut-elle être un jeu ?

# POUR RÉGLER DES PROBLÈMES.

**Oui, mais...**

Ne vaut-il pas mieux discuter calmement des problèmes ?

Peut-on toujours régler les problèmes ?

Les disputes ne créent-elles pas de nouveaux problèmes ?

Ce que l'on dit quand on se dispute est-il toujours juste et réfléchi ?

**Les disputes les plus violentes sont souvent** celles qui t'opposent à ceux que tu aimes. Peut-être parce que tes sentiments te rendent fragile, exigeant à leur égard. Peut-être aussi parce que tu vis avec eux, que tu les vois souvent : si leur absence t'est pénible, leur présence peut t'être insupportable. Les causes de conflit ne manquent pas : la colère, un désaccord, le plaisir d'embêter l'autre ou l'impression d'être agressé. Les disputes ne nient pas l'amour : elles expriment la difficulté à accepter la différence, l'opposition ou la froideur... de ceux qu'on aime.

## Te poser cette question, c'est donc...

... comprendre les raisons des disputes pour moins se laisser emporter par la violence.

... prendre conscience que certains gestes ou paroles peuvent blesser ceux qu'on aime.

... se rendre compte que vivre avec les autres s'apprend, même quand on les aime.

# Est-ce bien d'être amoureux ?

OUI, PARCE QUE ÇA NOUS APPORTE LE BONHEUR.

# Oui, mais...

Peut-on connaître un bonheur égal en étant seul ?

Est-ce que l'amour apporte uniquement du bonheur ?

Le bonheur est-il la chose la plus importante dans la vie ?

Es-tu heureux si tu aimes sans être aimé ?

NON, PARCE QU'ON VA

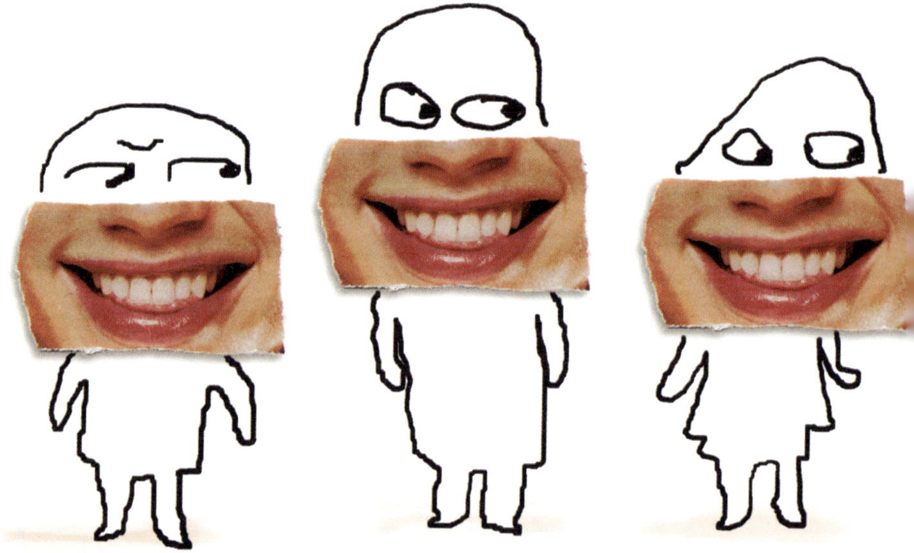

## Oui, mais...

Préfères-tu suivre l'avis des autres ou ton propre avis ?

Peux-tu convaincre les autres qu'ils ont tort ?

# SE MOQUER DE MOI.

Se moque-t-on des autres parce qu'on est jaloux ?

Est-ce qu'on se moque de tes parents
parce qu'ils sont amoureux ?

# OUI, PARCE QU'ON

**Oui, mais...**

Si l'autre ne t'aide pas,
l'aimes-tu encore ?

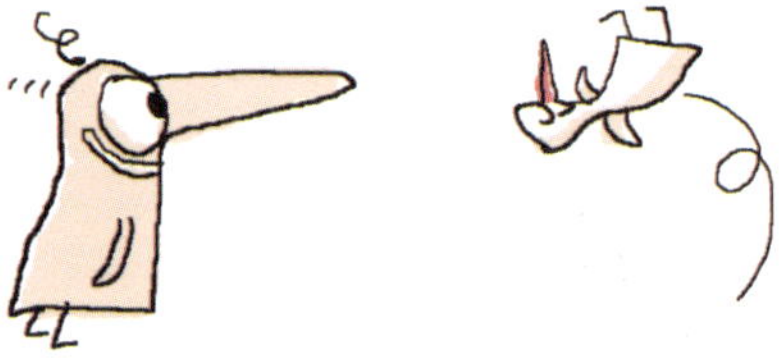

Tombe-t-on amoureux
de quelqu'un
ou de ce qu'il fait ?

# PEUT S'AIDER.

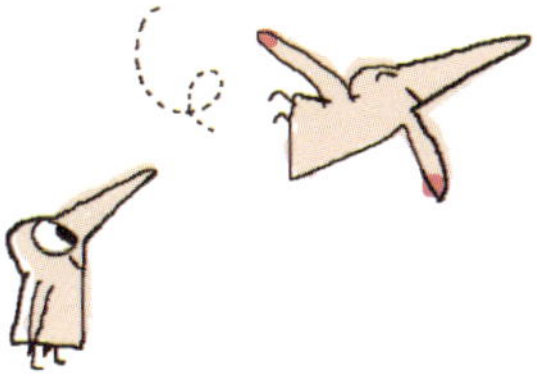

L'amour doit-il servir
à quelque chose ?

Lorsque l'on est amoureux,
préfère-t-on être aidé
ou aider l'autre ?

NON, PARCE QUE PARFOIS ÇA NE DURE PAS.

## Oui, mais...

Qui peut savoir
si un amour durera ?

Est-ce qu'on peut
faire des choses pour
que l'amour dure ?

Doit-on se priver
d'aimer parce qu'on
risque de souffrir ?

NON, PARCE QUE ÇA NOUS ARRIVE SANS QU'ON AIT RIEN DEMANDÉ.

**Oui, mais...**

Peut-on être amoureux sans le vouloir ?

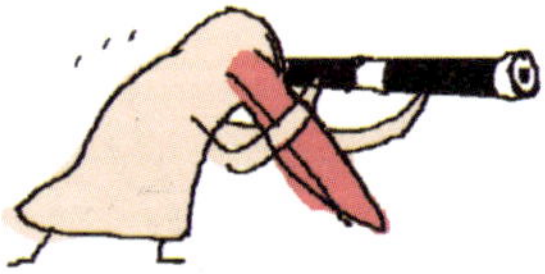

Y a-t-il quelque part quelqu'un qui t'est destiné ?

Suffit-il de tomber amoureux pour rester amoureux ?

**Tomber amoureux, on en rêve, on en parle,** on le craint… Quel bonheur, mais quelle inquiétude aussi, car l'amoureux prend des risques. Et si l'on ne peut plus se passer de l'autre ? Et si l'on se fâche, si l'on se quitte ? Et si les gens se moquent ? Et puis on ne décide pas vraiment de tomber amoureux : on ne choisit ni le moment, ni la personne. Mais si l'amour nous dépasse parfois, il permet aussi de révéler ce qu'on est, au plus profond de soi…

## Te poser cette question, c'est donc...

... comprendre et accepter qu'on ne maîtrise pas tout.

... prendre conscience de ce que tu es, de ce que tu veux, pour pouvoir l'assumer librement.

... te permettre d'introduire du merveilleux dans le quotidien.

# Vaut-il mieux être seul ou avec ses amis ?

# JE PRÉFÈRE ÊTRE SEUL CAR JE VEUX ÊTRE TRANQUILLE.

**Oui, mais...**

La tranquillité peut-elle devenir ennuyeuse ?

N'est-ce pas parfois angoissant d'être seul ?

La vie est-elle faite pour être tranquille ?

JE PRÉFÈRE ÊTRE SEUL POUR RÉFLÉCHIR.

# Oui, mais...

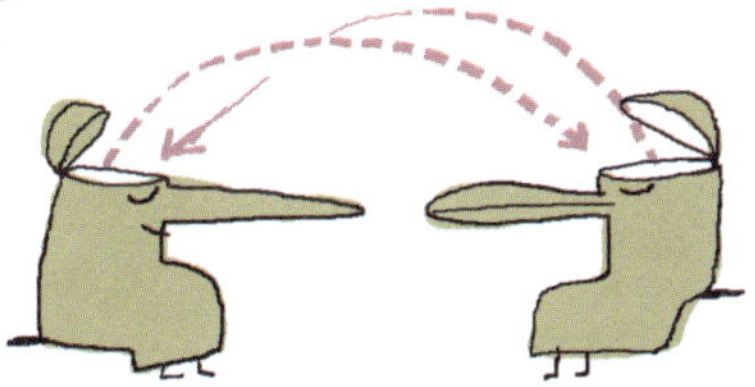

Est-ce qu'on réfléchit avec ses idées
à soi ou avec celles des autres ?

Ne réfléchis-tu pas mieux en expliquant
aux autres ce que tu penses ?

Qui te corrigera si tu te trompes ?

C'EST MIEUX D'ÊTRE AVEC

**Oui, mais...**

Ne sais-tu pas jouer tout seul ?

Les amis ne servent-ils qu'à jouer ?

# SES AMIS POUR JOUER.

Peux-tu être ami avec quelqu'un qui n'est pas là pour jouer avec toi ?

Es-tu content d'être avec tes amis lorsque tu perds au jeu ?

DÉFENSE
D'ENTRER

# JE PRÉFÈRE ÊTRE SEUL CAR JE VEUX GARDER MES JOUETS POUR MOI.

**Oui, mais...**

Tes amis ne t'offrent-ils pas des jouets ?

Partager ce que tu as peut-il te rendre heureux ?

Aimes-tu jouer seul avec tes jeux de société ?

# JE PRÉFÈRE ÊTRE AVEC MES AMIS, PARCE QUE JE LES AIME BIEN.

## Oui, mais…

Veux-tu que tes amis viennent tous habiter chez toi ?

Changes-tu souvent d'amis ?

Et si tes amis préfèrent être seuls ?

Est-ce que tu aimes toujours tes amis, lorsqu'ils ne font pas ce que tu veux ?

ZZOUU
CLICLICLIC
BROUUUUU
PLOUM
CROUIIIC
PFFF
CRAK
BZZZ
SKRINCH
BRRRR
CLAK
TIP TOP TIP
CROUNCH
OUUHOUH
TALAT
TSSSS
GRAT
GRAT GRAT
CROUUICH
CRICK
TOC
RUNFL

# JE PRÉFÈRE ÊTRE AVEC MES AMIS, PARCE QUE JE N'AIME PAS ÊTRE SEUL.

## Oui, mais...

Aimes-tu les autres,
parce qu'ils te rassurent ?

Alors peu importe qui sont tes amis
du moment qu'ils sont avec toi ?

Peut-on être bien avec les autres,
si l'on n'est pas bien avec soi-même ?

**Tu es parfois partagé entre ton souhait** de tranquillité et ton envie de compagnie. Tu aimes tes amis. Ils t'amusent. Aux meilleurs, tu confies tes plus grands secrets. Tu adores discuter avec eux. Mais quand ils te contredisent, tu t'énerves. Ils exigent aussi ce que tu n'as pas envie de leur donner. Alors là, tu préfères être seul. Mais tu finis par t'ennuyer, tu tournes en rond avec toi-même. Tu crains presque d'être seul. Il te manque tes amis... À croire qu'il faut apprendre autant à être avec soi-même qu'avec les autres. Et que l'amitié, aussi, se construit au fil du temps...

## Te poser cette question, c'est donc...

... pouvoir dire oui aux autres tout en restant toi-même.

... prendre conscience que tu as besoin des autres pour exister.

... te rendre compte que les autres sont différents de toi comme tu es différent d'eux.

... savoir ce que tu attends de tes amis et ce que tu peux leur offrir.

# As-tu peur de parler seul devant ta classe ?

## As-tu peur de parler seul devant ta classe ?

# NON, C'EST AMUSANT ET JE FAIS LE CLOWN.

**Oui, mais...**

Faire le clown te permet-il de te protéger ?

L'humour aide-t-il à rendre moins grave ce qui nous fait peur ?

Est-ce que la vie peut être un jeu ?

# OUI, JE N'AIME PAS QU'ON ME REGARDE.

**Oui, mais...**

Être regardé, est-ce être jugé ?

Préférerais-tu être invisible ?

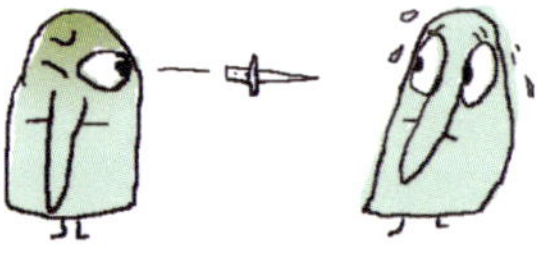

Un regard peut-il faire mal ?

# As-tu peur de parler seul devant ta classe ?

# OUI, PARCE QUE JE SUIS SEUL ET QU'ILS SONT NOMBREUX.

**Oui, mais…**

Chacun d'entre eux n'est-il pas seul comme toi ?

La solitude fait-elle toujours peur ?

Est-ce parce qu'ils sont nombreux qu'ils sont obligatoirement contre toi ?

# OUI, PARCE QUE JE PEUX ME TROMPER ET AVOIR L'AIR BÊTE.

**Oui, mais…**

N'es-tu pas à l'école pour apprendre ?

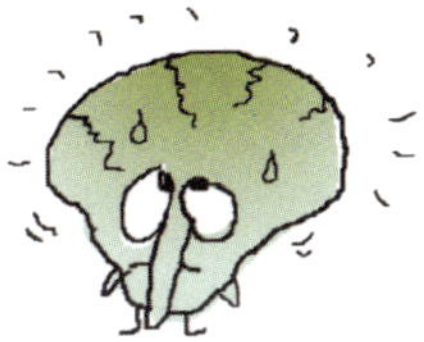

Est-ce que l'on doit tout savoir pour être intelligent ?

Doit-on être parfait pour avoir le droit d'exister ?

Peut-on avoir l'air bête et ne pas l'être ?

# OUI, PARCE QUE JE DEVIENS TOUT ROUGE ET QUE JE BAFOUILLE.

**Oui, mais...**

Peux-tu parfois surmonter tes émotions ?

Es-tu le seul à rougir et à bafouiller ?

Est-ce grave de rougir ?

J'EN VOIS
UN QUI
N'ÉCOUTE PAS !

# NON PARCE QUE J'AIME QU'ILS M'ÉCOUTENT !

**Oui, mais...**

Être écouté, est-ce être reconnu ?

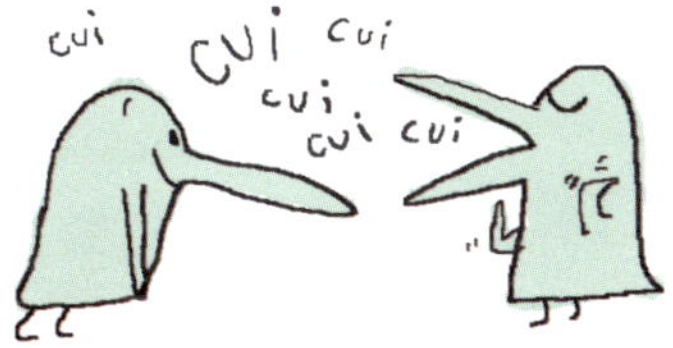


Aimes-tu écouter les autres ?

Peut-on être écouté sans être compris ?

## Ce n'est pas habituel d'être seul

face à beaucoup de gens. Cela peut être plaisant ou effrayant. Parce que les autres sont plus nombreux. Ils t'impressionnent. Ils peuvent se moquer.

Tu as tellement besoin de leur plaire. Peut-être que si tu les fais rire, tu y parviendras. Mais parfois tu es tellement ému que tu n'arrives plus à prononcer un mot. En cessant de te juger durement et d'imaginer ce que pensent les autres, peut-être auras-tu moins peur d'eux...